DISCOURS

CONTENANT UNE NOTICE SUR LA VIE

DE

GÉRARD - TENQUE

FONDATEUR DE L'ORDRE

DES HOSPITALIERS DE SAINT-JEAN DE JÉRUSALEM

PAR L'ABBÉ OLLIVIER

Curé de Jonquières à Martigues

AIX

ACHILLE MAKAIRE, IMPRIMEUR-LIBRAIRE

2, rue Pont-Moreau, 2

1868

DISCOURS

CONTENANT UNE NOTICE DE LA VIE

DE

GÉRARD-TENQUE

Fondateur de l'ordre des Hospitaliers de St-Jean de Jérusalem.[1]

———————

Beatus qui intelligit super egenum et pauperem.
Heureux celui qui est attentif aux besoins du pauvre et de l'indigent.

(Ps. 40, v. 2).

Avec bonheur, Messieurs, je vous revois dans cette église où ont été reprises, il y a six ans,[2] les louanges, trop longtemps interrompues, de votre illustre et saint Patron ! avec grande joie je salue votre drapeau sur lequel brille le nom bénit du plus grand de vos aïeux !

Enfants de Gérard-Tenque ! qu'elle est belle et radieuse la figure de votre père ; de ce généreux et sublime bienfaiteur de l'humanité souffrante ? Ah ! ce n'est pas seulement notre ville

---

[1] Ce discours a été prononcé dans l'église paroissiale de Jonquières, à Martigues, le jour où la société de secours mutuels *Gérard-Tenque* célébrait sa fête annuelle.

[2] La société *Gérard-Tenque* n'existe que depuis six années. Avant cette époque, aucune solennité religieuse ne rappelait aux habitants de Martigues les vertus et les gloires du plus grand de leurs aïeux. Aussi sa vie était-elle généralement inconnue dans le lieu de sa naissance.

qui a eu l'insigne honneur de le voir naître dans son sein ; c'est
l'Europe entière ; c'est l'Eglise universelle qui le bénit, qui l'ho-
nore, et qui redit toujours son nom avec une respectueuse sym-
pathie !

En ce siècle où il semble qu'aucune gloire ne doive plus être
oubliée ; combien de cités, moins favorisées que la vôtre du côté
des aïeux, ont érigé, ou élèvent aujourd'hui des monuments
impérissables, pour immortaliser les plus illustres de leurs enfants ! Un projet semblable est, je ne l'ignore pas, depuis longtemps dans vos cœurs. Vous l'y conservez avec amour ; et vous
n'êtes arrêtés que par cette considération : qu'à un si grand
Homme, qu'à un Héros chrétien si parfait, un monument ordinaire ne peut suffire ; que pour honorer dignement le Vincent
de Paul d'une partie des onzième et douzième siècles, le Fondateur de l'ordre insigne qui a compté parmi ses membres de
grands princes, et presque toute la noblesse de l'Europe ; il vous
faut la coopération de volontés puissantes, et des ressources
dont actuellement vous ne pouvez disposer.

Votre sollicitude n'est cependant pas restée inactive. En attendant un temps plus favorable à ce grand dessein que vous
hâtez de vos vœux les plus ardents, et que l'influence acquise
par votre intelligent et actif Président ne manquera pas d'ac-
célérer, vous travaillez à une œuvre plus importante. Vous éle-
vez à Gérard-Tenque un monument dans vos cœurs : monument de vénération, de respect, d'imitation et d'amour, si digne
de *lui* et de vous.

Mais, Messieurs, vos désirs et vos efforts suffiront-ils à une si
noble tâche ? non certes. Vous savez que les meilleurs sentiments n'ont de durée et d'efficacité, qu'autant que Dieu en est
le principe et la fin ; et c'est pourquoi vous venez demander à
la Religion de bénir et de féconder une inspiration aussi louable.

C'est pour répondre à votre attente que, dans un premier discours, posant comme une première assise à ce grand et noble édifice, j'ai prouvé que Gérard-Tenque a été un grand homme, et qu'à ce titre il a droit au respect de tous ; que dans un second discours, je vous ai présenté Gérard-Tenque comme un Saint, ayant droit, par conséquent, à notre vénération et à notre culte. Il est temps enfin qu'un vœu cher à vos cœurs se réalise, que je devienne l'historien de votre saint Patron ; c'est tout mon dessein aujourd'hui. Commençons.

Personne, Messieurs, ne dénie à Martigues la gloire d'avoir vu naître Gérard-Tenque dans son sein. Il est vrai qu'au jour de sa naissance, notre ville n'était point encore coquettement assise sur les bords de notre magnifique lac, ni sillonnée par les canaux maritimes qui lui donnent une physionomie si pittoresque, et quelque ressemblance avec la reine de l'Adriatique.[1] Mais si elle s'est déplacée durant la première moitié du treizième siècle, au moins est-il certain que le terrain couvert par elle autrefois, est peu distant de celui qu'elle occupe aujourd'hui ; et que par conséquent, Gérard-Tenque a été le compatriote de ceux de vos aïeux qui vivaient dans la seconde moitié du onzième siècle.

Gérard-Tenque passa donc les premières années de sa vie à Martigues. C'était, disions-nous tantôt, pendant la dernière moitié du onzième siècle, époque troublée par de grands désordres, mais pendant laquelle la foi était vive dans les intelligences, et exerçait une souveraine influence sur les cœurs. Les parents qui lui donnèrent le jour appartenaient certainement à la classe aisée, puisqu'ils lui fournirent les sommes nécessaires au pèle-

---

[1] La ville actuelle de Martigues ne date que de 1223. C'est Raymond-Béranger IV qui en fit élever les premières constructions.

Quant au lieu précis de la naissance de Gérard-Tenque ; nous ne prétendons pas l'établir dans ce discours.

rinage, alors fort coûteux, de la Terre-Sainte. Un auteur n'hésite même pas à affirmer qu'il appartenait à une famille titrée, ce qui n'est nullement opposé à l'opinion de ceux qui le représentent comme négociant, parce qu'à cette époque, le négoce, si nécessaire à la prospérité des Etats, n'était point du tout regardé comme incompatible avec la noblesse.

Quoiqu'il en soit, les historiens s'accordent à reconnaître que ce fut un motif de piété qui le fit partir pour Jérusalem, et qu'une pensée de charité l'y retint.

En ces temps reculés, on eut dit qu'une main puissante remuait tout l'Occident, et en précipitait les habitants vers les lieux sanctifiés par la vie et par la mort de Jésus, notre divin Rédempteur. L'entraînement était si général que les Sarrasins, maîtres de la Terre-Sainte, effrayés de ce nombre prodigieux de pèlerins, et craignant qu'ils ne tentassent un coup de main pour la soustraire à leur domination, se livrèrent contre les chrétiens aux derniers excès de la tyrannie et de la cruauté. Dans leur exaltation fanatique, ils égorgèrent tous les pèlerins dont la ville sainte était presque remplie. Puis, le mouvement continuant toujours, ils craignirent que le renouvellement d'une semblable atrocité n'armât contr'eux tous les peuples de l'Occident. Résolus cependant à arrêter ce courant, ils frappèrent l'entrée de Jérusalem d'un impôt si lourd, que le plus grand nombre des pèlerins ne pouvaient le payer, et étaient réduits à errer autour des murailles. On les voyait, exténués de fatigue, touchant au terme de leur voyage, et ne pouvant satisfaire l'ardent désir qui les avait arrachés à leurs lointains foyers. En proie aux plus cruelles privations, ils tendaient aux passants leurs mains inhabiles à mendier, pour réaliser la somme exigée par la cupidité musulmane. La fatigue, la faim, le climat si différent de celui de leur patrie, les réduisaient bientôt aux plus lamentables extrémités. Les uns languissaient dévorés par la fièvre, d'autres mouraient en dirigeant leurs derniers regards vers les sommets des édifices élevés sur le tombeau du Sauveur. Ceux mêmes qui, plus heureux, parvenaient à se procurer la somme exigée, n'étaient pas mieux traités , car après avoir satisfait leur dévotion, ils ne trouvaient dans la ville aucune maison qui s'ouvrit devant eux pour les abriter, et ils demeuraient à la merci de la brutalité des Sarrasins.

C'est dans ces circonstances que, plus favorisé du côté de la fortune, Gérard-Tenque arriva en Palestine, et entra dans Jérusalem.

Que se passa-t-il dans ce grand cœur à la vue des humiliations et des atrocités dont un si grand nombre de ses compatriotes et de ses frères étaient les victimes? Dieu seul en fut témoin; mais ce que nous savons, c'est qu'aussitôt une pensée héroïque jaillit dans son intelligence, et qu'après qu'il l'eut méditée devant le tombeau de celui qui s'est immolé pour le salut de tous les hommes, il se dévoua lui-même pour soulager de si affreuses souffrances. A cette heure solennelle, sa pensée se dirigea sans doute vers Martigues, sa ville natale, où des parents et des amis attendaient impatiemment son retour ; mais ce ne fut que pour leur adresser à tous un tendre et dernier adieu.

Quelques marchands de Melphi, petite ville d'Italie, avaient, depuis peu de temps, obtenu du calife d'Egypte, alors souverain de la Terre-Sainte, la concession d'un terrain attenant au Saint-Sépulcre, sur lequel ils avaient d'abord édifié une maison de prières, et un peu plus tard, une autre maison pour y loger les pèlerins. C'est dans ce dernier asile que s'enferma Gérard, pour y soigner les pauvres et les malades. Ce n'était point un sentiment de commisération toute humaine qui l'animait; non certes. Eclairé, dès son enfance, par les plus purs enseignements du Christianisme, il savait que Dieu seul est l'auteur et le soutien d'une inspiration généreuse; et c'est pourquoi son dévouement à servir les pèlerins et les malades était constamment alimenté par différents exercices de religion , dont il s'acquittait avec une perfection angélique.

Sa vertu, quoique toujours modeste, ne tarda pas cependant à être remarquée. Ce ne furent pas seulement les religieux du Saint-Sépulcre qui en furent profondément édifiés. Les Sarrasins eux-mêmes, dont Gérard soignait les malades , sans s'enquérir de leurs sentiments réligieux, l'avaient acclamé, et ne cessaient de l'appeler le père des pauvres. Vainement donc il se cache ; vainement il ne témoigne que de l'éloignement pour les distinctions et les dignités, mettant toute sa gloire à s'acquitter des offices les plus vils et les plus abjets de la maison, son mérite le trahit, son humilité même augmente l'estime que ses services lui ont acquis, et le moment étant venu où l'élection du Supérieur doit être renouvelée ; il est placé, à l'unanimité des voix, à la tête de ses frères.

Les honneurs, a-t-on dit avec trop de raison , changent la conduite. C'est un des signes de l'infériorité de notre nature. Dans une âme d'élite, comme celle qui animait Gérard-Tenque, il ne pouvait en être ainsi. Loin de se prévaloir de sa dignité nouvelle pour se permettre un indigne repos, il n'y vit qu'un motif de plus pour activer son zèle. Il savait que la dignité de Supérieur est une charge. Il savait encore que l'on obtient toujours plus des subordonnés par l'exemple, que par le commandement ; aussi était-il toujours le premier dans la chapelle, comme dans les salles des malades. Bientôt, sa maison hospitalière fut un théâtre trop restreint pour l'exercice de sa charité ; on le vit s'élancer sur les routes, et aller chercher les malades jusque dans les lieux écartés où la pénurie et la fièvre les avaient arrêtés.

Ainsi vivait-il brûlant de zèle et d'amour pour Dieu et le prochain, lorsqu'en 1099 les Croisés, Français pour la plupart, et par conséquent ses compatriotes, entrèrent dans la Palestine, et se présentèrent devant Jérusalem dont ils commencèrent immédiatement le siége. Leur valeur bien connue ne laisse aucun doute à Gérard sur la prompte issue de cette guerre. Sa joie est vive en pensant que l'Islamisme va enfin être expulsé de la Palestine qu'il souille et pressure depuis si longtemps. Il peut aider au succès de l'entreprise ; mais un noble cœur trahit-il jamais le pouvoir établi dans un pays ? Je sais qu'un historien peu scrupuleux n'a pas craint d'assurer que, dès les premiers jours du siége, Gérard s'était mis en rapport avec les assiégeants, et qu'il leur faisait passer des vivres par-dessus les murailles ; mais cette assertion, contraire à la vérité, a été unanimement repoussée, et on s'accorde généralement à reconnaître, que non-seulement Gérard n'oublia pas qu'il était sujet des Sarrasins, mais que pour éloigner tout soupçon, il s'enferma dans sa maison hospitalière, dont il se proposait de ne plus sortir, tant que durerait le siége.

Mais la délicatesse des sentiments et la prudence ne désarment pas les tyrans ! Soupçonneux à l'excès et non moins cruels, les Sarrasins, qui n'oublient pas l'influence exercée par Gérard, et qui redoutent l'ascendant de son génie, le saisissent et le jettent dans un affreux cachot. Bientôt même se souvenant de ses immenses aumônes qui, d'après leurs calculs, ne peuvent avoir été faites sans de très-grandes richesses, ils le somment de leur livrer ses trésors. Ces infidèles ignorent la puissance et la fécondité de la prière et du dévouement chrétien ! ils ne comprennent donc pas que les libéralités de Gérard n'ont eu d'autre source que les bénédictions du ciel ; ils n'accueillent ses réponses que comme des mensonges, ils l'injurient, le maltraitent comme un vil imposteur ; pour le contraindre à satisfaire leur cupidité, ils le chargent de lourdes chaînes, et ils les serrent avec tant de cruauté, qu'ils lui brisent quelques doigts des mains et des pieds. Qui peut dire ce qu'aurait encore inventé leur barbarie? Mais si Dieu permet quelquefois que ses Elus aient beaucoup à souffrir de la part des méchants, il ne les perd point de vue; il ne les abandonne jamais.

En proie aux plus vives souffrances, et s'estimant heureux d'avoir été trouvé digne de les endurer pour l'amour de Jésus-Christ, Gérard n'ouvre son cœur ni à des sentiments de vengeance, ni seulement au murmure. Il se contente de prier; il espère; et son âme est toujours calme et sereine. L'heure de la délivrance arrive enfin. Le 25 juillet de la même année, Jérusalem est réduite à ouvrir ses portes aux Croisés qui accourent, et brisent les fers du noble Captif.

C'est toujours une heure souverainement heureuse que celle qui rend la liberté à un innocent persécuté! Gérard n'est assurément pas insensible aux témoignages de vénération et de respect que lui témoignent ses libérateurs; mais, nous disent les Historiens, la plus grande joie qu'il éprouve, en ce beau jour, est d'entendre louer et bénir notre doux Sauveur dans une ville où il a tant souffert pour nous, et où, depuis si longtemps, son adorable nom était si brutalement et si horriblement blasphémé.

Déjà l'étendard des Croisés flotte sur les sommets des principaux édifices dé la ville sainte; cependant l'entrée triomphante de l'armée est retardée. Avant de prendre solennellement possession de Jérusalem, les Croisés veulent assurer les fruits de leur victoire. Leurs chefs donc sont assemblés et délibèrent. Bientôt leur décision est connue. Ils ont élu Godefroy de Bouillon roi de Jérusalem. Cette heureuse nouvelle est accueillie par l'armée entière avec une immense acclamation! dès lors, plus de retard, l'entrée solennelle commence.

C'est par la Croix que les Chrétiens ont vaincu. C'est en rendant hommage à la Croix qu'ils triomphent! L'instrument bénit de notre rédemption est porté à la tête de l'immense cortége.

Une foule de prêtres et de religieux l'environnent. Il est précédé et accompagné par de joyeuses fanfares. Viennent ensuite les victimes de la tyrannie musulmane, et parmi ces glorieux débris, plus ou moins mutilés, Gérard, le père des pauvres et des malades, Gérard couvert de ses cicatrices, et attirant sur lui les regards attendris de tous les spectateurs. A la tête de l'armée victorieuse, s'avance le nouveau roi, Godefroy de Bouillon, qui, par respect pour le Sauveur Jésus, iniquement jugé, condamné et crucifié par les anciens habitants de Jérusalem, ne prend possession de leur ville que tête nue et nu-pieds.

A travers les flots d'une population ivre de joie et dont les acclamations ne cessent de retentir, l'immense cortége s'avance en chantant des hymnes à la Croix, et arrive enfin dans l'église du Saint-Sépulcre dont les voûtes sont ébranlées par le chant du *Te Deum*.

Ce premier devoir d'actions de grâces accompli, Godefroy de Bouillon accompagne Gérard jusque dans sa maison hospitalière qu'il visite toute entière ; et il ne se sépare de lui, qu'après lui avoir témoigné son admiration et sa reconnaissance pour toutes les œuvres qu'il a entreprises.

Une première victoire a chassé les Sarrasins de Jérusalem, mais leur a pas ôté l'espoir d'y rentrer bientôt. Déjà ils font de fréquentes irruptions dans les environs de cette ville, et y exercent mille cruautés. Le nouveau roi comprend qu'il ne sera vraiment maître du pays, que lorsqu'il aura contraint l'ennemi de s'en éloigner. Il part donc à la tête de ses troupes, et refoulant tous les groupes qu'il rencontre, il force les Sarrasins à accepter la bataille dans les plaines d'Ascalon. Nouveau Moïse, pendant ce terrible combat, Gérard ne cesse d'élever son cœur et ses bras vers le ciel. Afin d'être plus facilement exaucé, il assemble ses pauvres et ses infirmes dans la chapelle, il offre au

Seigneur leurs prières qu'il sait lui être toujours agréables, et bientôt une victoire décisive délivre la Palestine des Sarrasins qui, depuis si longtemps, exerçaient sur elle la domination la plus tyrannique. A l'honneur de mon pays, je ne dois pas oublier de dire que ce fut surtout la bravoure des Provençaux qui décida du sort heureux de cette bataille.

Mais que sont les guerres, même les plus légitimes et les plus justes, que de véritables fléaux ? que de sangs généreux elles font répandre ! que d'horribles blessures elles causent ! Grande fut donc, après le combat, l'affluence vers l'hôpital de Gérard ; mais non moins grande fut sa charité ! Tous les blessés furent reçus par lui, et aucun ne manqua des secours corporels et spirituels que son état réclamait.

Un pareil dévouement aurait certes suffi pour assurer à Gérard-Tenque les éloges et les bénédictions de ses contemporains et de la postérité la plus reculée. Mais, Messieurs, les Saints ne sont pas des hommes ordinaires. Absorbés en Dieu dont les regards embrassent tous les temps ; leurs aspirations, leurs désirs participent, en quelque sorte, à son essence infinie, et leurs œuvres ont une durée que leur mort n'interrompt pas. Sans doute, tous ne reçoivent pas la même mission, et si un très grand nombre d'entr'eux n'exercent, sur les sociétés à venir , qu'une influence morale par le souvenir de leurs vertus, quelques-uns laissent, après eux, des monuments de zèle ou de charité qui défient la durée des siècles. Leur esprit se transmet à leurs successeurs, et ainsi, comme l'affirment nos livres saints, longtemps même après leur mort, ils continuent de parler et d'agir.

Parmi ces natures d'élite, Gérard-Tenque brille du plus vif éclat.

Dieu lui a mis au cœur de perpétuer son œuvre, et il fonde un ordre de Religieux dont tous les membres s'obligeront, par des vœux solennels, à continuer les admirables et saints exercices de charité qu'il pratique dans son hôpital. Sa maison primitivement dédiée à Saint-Jean-l'Aumônier, patriarche d'Alexandrie, est placée par lui sous le patronage de Saint-Jean-Baptiste, parce qu'une vénérable tradition lui a appris que le lieu où il se trouve, est le même que celui où se retirait, pour prier, le père du Saint Précurseur ; et c'est pour cela que ses Enfants seront connus sous le nom d'Hospitaliers de Saint-Jean-de-Jérusalem.

Bientôt il a fait passer dans les cœurs de ses Confrères le beau feu qui embrase le sien, et prosterné, avec eux, devant Luitpert, patriarche de Jérusalem ; avec eux, il se lie par des vœux perpétuels. Ainsi se trouve fondé cet Ordre illustre qui doit se répandre si rapidement, et qui bientôt remplira le monde entier d'admiration. Déjà les vocations se multiplient, et ici encore ce sont les Provençaux qui se montrent les plus ardents à s'enrôler sous la noble bannière de Gérard, et à le seconder dans ses desseins miséricordieux; ce qui assure à notre pays une distinction considérable, et fait que la Langue de Provence occupera toujours le premier rang dans cet Ordre si illustre.

Mais si les vocations sont nécessaires pour la perpétuité d'un ordre religieux, les ressources pécuniaires ne sont pas moins importantes pour sa prospérité. Cette seconde bénédiction ne fut pas refusée au grand œuvre de Gérard-Tenque. Déjà Godefroy de Bouillon l'a comme doté par des libéralités abondantes. A son exemple, les pèlerins aisés se dépouillent, en sa faveur, d'une partie de leurs richesses, et publient partout, en retournant dans leurs pays, les merveilles du nouvel Institut.

En entendant ces récits, les peuples de l'Occident ne se contentent plus d'admirer. Avant même que le nouvel établissement ait reçu la solennelle approbation du chef de l'Eglise , ils sollicitent des fondations pour leurs principales villes, et si Gérard-Tenque n'est point encore en mesure d'accéder à tant de vœux qui lui sont exprimés, au moins le sentiment patriotique, toujours si ardent dans son âme, ne lui permet-il pas d'opposer un refus à la demande des Provençaux ses frères. Une première colonie de ses Religieux se rend donc à Aix, et les monuments encore debout de Saint-Jean-de-Malte attestent la générosité et la magnificence avec laquelle elle fut reçue. Cette première fondation fut bientôt suivie d'une seconde qu'obtint la ville de Saint-Gilles, encore dans le Midi de la France, et de quelques autres dont furent favorisées des villes d'Italie et de Sicile.

Ces événements donnaient à l'œuvre de Gérard-Tenque une sorte de consécration populaire. Aussi la demande d'érection canonique qu'il adressa bientôt à Rome fut-elle immédiatement accueillie avec faveur, et le pape Pascal II, alors glorieusement régnant, s'empressa-t-il de l'accorder avec de magnifiques éloges, dans une Bulle souscrite par lui et par un grand nombre de Cardinaux et de Prélats. Par cet acte de la souveraine puissance ecclésiastique, la règle de Gérard-Tenque, si pleine de sagesse, de piété et de dévouement pour les pauvres et les malades fut pleinement approuvée, et la supériorité de son Ordre lui fut confirmée pour toute sa vie.

Certain alors que son œuvre ne mourra pas avec lui, Gérard-Tenque se livre avec une nouvelle ardeur aux inspirations de son âme pour le soulagement de toutes les misères physiques. Hélas ! les occasions d'exercer son zèle ne lui font pas défaut. Une année entière n'est pas encore écoulée depuis l'érection de son Institut en Ordre religieux, et voilà qu'un effroyable tremblement de terre ravage la Palestine et la Syrie presque toute entière. On dirait qu'un bras vengeur secoue toutes ces provinces jusque dans leurs plus intimes profondeurs ! Grand Dieu ! que de ruines amoncelées ! que de sujets de deuil, de désolation et de désespoir ! Là où l'œil du voyageur admirait des bourgs heureux et des villes florissantes, il n'y a plus que des tas de pierres, ou des édifices lézardés et chancelants que l'on ne peut regarder sans commisération et sans effroi !

Au milieu de cet immense désastre, que fait Gérard-Tenque ? La peur le retient-elle enfermé dans son hôpital ? non certes. Les ravages s'opèrent encore, et déjà, il parcourt toutes ces régions désolées. Bientôt il revient ; mais il n'est point seul. Il amène avec lui tous les infortunés qui n'ont plus d'abri, tous les orphelins qui n'ont plus de pères. Il les loge dans son hôpital, et il leur fournit à tous une nourriture saine et abondante.

Cependant son cœur embrasé des flammes d'une véritable charité ne se borne pas à ces soins corporels. C'est peu pour lui d'être infirmier et père ; il devient apôtre. Il réunit tous les infortunés qu'il a amenés avec lui ; les exhorte vivement à voir dans les désastres qui les ont frappés des signes manifestes du courroux céleste provoqué par leurs péchés, et leur démontre la nécessité de faire pénitence pour désarmer le bras du Seigneur.

Ainsi le Sauveur Jésus prêchait-il la pénitence aux foules qui se pressaient autour de lui ; mais cet aimable Rédempteur avait fait mieux qu'exhorter les peuples ; il s'était dévoué pour les pécheurs, et il était mort pour les réconcilier avec son père. Gérard-Tenque le sait, et il n'a pas au cœur de plus ardent désir que d'imiter ce divin Modèle. Aussi, après avoir soulagé tant et de si affreuses misères, s'offre-t-il à Dieu en qualité de victime, pour que les coupables soient épargnés ; et sa prière est exaucée ! Ce fut donc, en désarmant la justice divine, que sa belle âme portée sur les ailes de la prière et de la plus héroïque charité, alla recevoir dans le ciel la couronne promise à la vertu !

Ce fut en l'an 1118 et à Jérusalem, principal théâtre de son dévouement pour les pauvres, que Gérard-Tenque offrit ce dernier et sublime sacrifice agréé par le Seigneur !

A peine la nouvelle de sa mort fut-elle répandue, que la ville sainte fut tout entière plongée dans le deuil, et que de toutes parts, on accourut pour contempler une dernière fois les traits vénérés du père des pauvres et des malades. Des larmes abondantes coulèrent autour de son cercueil ; mais en le regrettant, on se sentait consolé, parce qu'on avait la conviction que du haut du ciel, il ne cesserait jamais de protéger ceux qu'il avait tant aimés pendant son passage sur la terre !

A cette époque reculée on ne suivait pas encore les longues procédures qui précèdent aujourd'hui la Béatification et la Canonisation des héros de la Religion. C'était la voix du peuple qui décernait les honneurs du culte public, et l'approbation des Pontifes de l'Eglise suffisait pour que ce culte fût regardé comme légitime.

Gérard-Tenque avait marché avec trop de perfection sur les traces de notre doux et miséricordieux Sauveur, pour n'être pas aussitôt acclamé *Saint*. A peine lui eut-on rendu les honneurs de la sépulture, que ses traits furent reproduits par la peinture et la gravure. Ses images se répandirent partout, et toujours avec l'auréole de gloire, alors regardée comme l'attribut d'une évidente sainteté. On l'y voyait tantôt redonnant la vue aux aveugles ; tantôt présentant un breuvage à des malades, et leur rendant la santé ; ici, rassurant des peuples consternés au milieu des ruines de leurs villes ; là, dans les transports si fréquents de son amour pour Dieu. Ce ne fut que plus tard, qu'afin de glorifier ce Fondateur d'un ordre devenu si illustre, on le représenta à côté d'un crucifix, tenant déployé l'étendard des Chevaliers de Rhodes et de Malte.

Ce n'est pas tout. Le jour anniversaire de son bienheureux trépas est célébré comme une fête solennelle, non-seulement par sa famille religieuse, mais encore par les Carmes, les Augustins et les Tierçaires de Saint-François qui tous le révèrent et l'honorent comme un Saint. Une distinction plus rare lui est même plus tard décernée. Les habitants de Vitrolles le choisissent pour le patron de leur pays, et ils ne cessent, d'âge en âge, de célébrer annuellement sa fête avec la plus grande solennité.

A mesure que les siècles s'écoulent, de grands changements s'opèrent en Palestine, et un jour arrive où les Enfants de Gérard-Tenque doivent s'éloigner de Jérusalem. Avec eux ils emportent les reliques de leur saint fondateur, d'abord à Rhodes, puis à Malte, enfin en Provence. A peine le sacré dépôt a-t-il touché le sol de la patrie, que les dignitaires s'assemblent et délibèrent pour désigner l'heureuse ville qui aura l'insigne honneur de le recevoir et de le garder. « Si Martigues, lieu de « sa naissance, dit un Historien, d'ailleurs très favorable à no- « tre ville, avait eu une maison de son ordre, c'est certaine- « ment dans son sein que la précieuse relique eût été déposée « et gardée; » mais, quoiqu'en dise une Chronique locale, vos Pères qui auraient dû se montrer les plus empressés pour appeler parmi eux les Religieux du plus illustre de leurs ancêtres, ayant toujours négligé ce soin, ce fut Manosque qui fut désignée pour être l'heureuse dépositaire.

Ouvre-lui donc tes portes, antique cité des Alpes ! Tu ne lui a pas donné le jour, tu ne l'as pas nourri dans ton sein ; mais ses ossements tout imprégnés de miséricorde et d'amour te porront bonheur ; et les hommages dont tu environneras son glorieux cercueil seront pour toi une source incessante de précieuses faveurs. Quand la sécheresse qui si souvent désole nos Contrées sera pour toi imminente ; quand tu seras menacée d'une épidémie ou de tout autre fléau, tu l'invoqueras et son cœur facile à s'émouvoir au spectacle des misères humaines, t'obtiendra du Seigneur les plus prompts secours !

Tu ne possèderas cependant pas toujours ce trésor tout entier ! Ton bonheur excite enfin la jalousie des Compatriotes de

Gérard-Tenque, et d'ardentes suppliques favorablement accueil-
lies, les mettent en possession d'une partie considérable de son
saint corps !

Oh ! qu'il fut beau le jour où ces Reliques entrèrent dans notre ville, et vinrent enchirir nos trois églises paroissiales. Jamais pareille fête ne fut célébrée à Martigues. Ce fut plus qu'une
fête ; ce fut un véritable et magnifique triomphe ! Vous en avez
un éloquent témoignage sous vos yeux dans ce beau reliquaire,
monument de l'admiration et de la piété de vos Pères ; et ce
n'est pas, j'en ai la certitude, sans une joie bien vive mêlée d'at-
tendrissement, que vous y lisez ces paroles de l'Ecriture sainte
si bien appliquées : *Reversus est in patriam suam :* Il est re-
tourné dans sa patrie !

Admirable destinée des Saints ! Dieu ne se contente pas, en
attendant le grand jour de la résurrection générale, de récom-
penser leurs âmes dans le ciel ; il veille encore sur leurs restes
mortels, et il les environne d'honneur et de gloire. « Qui eut
« dit à Gérard-Tenque, s'écrie un Historien, le jour où il par-
« tait d'ici sans bruit, et comme un homme ordinaire, pour
« faire le pélérinage de la Terre-Sainte, qu'après plus de sept
« siècles, une partie de sa dépouille mortelle y serait solennel-
« lement rapportée ; qu'elle y serait reçue comme celle d'un
« héros, d'un triomphateur, d'un Saint ? et qu'elle y resterait
« constamment exposée à la vénération de ses concitoyens ? «
C'est Dieu, Messieurs, qui a dirigé tous ces événements, afin de
nous apprendre qu'il n'y a pas de richesse, ni de gloire compa-
rables à celles que procure la vertu ; que la vraie charité : l'a-
mour de Dieu et du prochain, est le plus grand des biens, et
qu'il n'y a pour l'homme ici-bas, de distinction ni de bonheur
plus enviables !

Et maintenant que vous venez d'entendre le récit de la vie de
Gérard-Tenque ; maintenant que vous connaissez ses vertus, sa

sainte mort et les hommages qui l'ont suivie, que ferez-vous, Messieurs? Vous contenterez-vous d'avoir donné quelque retentissement à cette fête, et du désir de la transmettre à vos enfants et à vos arrière-neveux? Est-ce là, à votre avis, tout ce que vous devez à la mémoire du plus grand et du plus saint de vos aïeux? Non, sans doute, vous ne le pensez pas. Vous savez tous que si Gérard-Tenque a été et est encore le plus grand honneur de votre ville, ce lustre qui vous inspire un légitimé orgueil, vous impose des obligations; qu'ainsi qu'on le répète souvent : noblesse oblige. Que ferons-nous donc tous, Messieurs? Que ferez-vous spécialement, vous qui vous honorez de vous être enrôlés sous sa glorieuse bannière?

Je ne sais, Messieurs, si la majesté de cette chaire permet un souvenir classiqué d'un temps où le christianisme n'était encore que très peu connu dans le monde; mais je ne résiste pas au besoin que j'éprouve de vous faire entendre quelques paroles du plus grave et du plus profond des historiens de l'antique Rome. Vous y trouverez, je l'espère, la meilleure réponse qui puisse être faite à la question que nous venons de poser. Tacite donc, dans l'immortel éloge qu'il nous a laissé d'Agricola, adresse en ces termes la parole à son héros : C'est en te ressemblant que nous t'honorerons! tel est le seul véritable hommage; telle est la piété qu'imposent les liens les plus étroits !.....

Montrez-vous donc, Messieurs, de fidèles imitateurs du plus grand, du plus illustre de vos Ancêtres ! de votre saint et bien-aimé patron ! comme lui, soyez compatissants pour les pauvres et les malades; comme lui, joignez aux actes de la charité corporelle les actes plus précieux et plus méritoires de la charité spirituelle; comme lui, aimez Dieu et le prochain jusqu'au dévouement; et comme lui, après l'exercice de ces belles vertus, vous en recevrez l'éternelle récompense dans le ciel ! Ainsi soit-il.